竞技空手道

——组手篇

张剑波　著

北京体育大学出版社

策划编辑：潘　帅　陶　源
责任编辑：仝杨杨
责任校对：曹晓燕
版式设计：李　鹤

图书在版编目（CIP）数据

竞技空手道. 组手篇 / 张剑波著. -- 北京 : 北京体育大学出版社, 2024. 12. -- ISBN 978-7-5644-4224-8

Ⅰ. G886.5

中国国家版本馆CIP数据核字第2024C3V591号

竞技空手道——组手篇
JINGJI KONGSHOUDAO — ZUSHOU PIAN
张剑波　著

出版发行：北京体育大学出版社
地　　址：北京市海淀区农大南路1号院2号楼2层办公B-212
邮　　编：100084
网　　址：http://cbs.bsu.edu.cn
发 行 部：010-62989320
邮 购 部：北京体育大学出版社读者服务部 010-62989432
印　　刷：三河市龙大印装有限公司
开　　本：710mm × 1000mm　1/16
成品尺寸：170mm × 240mm
印　　张：4.75
字　　数：87千字
版　　次：2024年12月第1版
印　　次：2024年12月第1次印刷
定　　价：32.00元

前言

笔者于2006年入选中国空手道国家队，是中国从事空手道运动的第一批专业运动员。在学习空手道之前笔者学习过拳击，并入选了河北省拳击队，后来学习过跆拳道、散打、摔跤等格斗项目。丰富的格斗训练经历使得笔者对于空手道项目的理解更为深刻。

在2007年全国空手道锦标赛上，笔者首次代表北京体育大学参赛，获得男子–75公斤级季军；在2007年全国空手道冠军赛上，笔者获得男子–75公斤级冠军；在2008年全国空手道锦标赛上，笔者获得男子–75公斤级冠军。

2009年，因临近大学毕业，笔者退出中国空手道国家队以完成学业，于同年6月留在北京体育大学任教。因为教学分工不同，笔者工作15年来一直从事教育学院师范类的空手道课程教学。笔者是从职业运动员转变成教师的，在竞技经验上更丰富，于是便利用学生的业余时间组织了一支由教育学院学生组成的空手道队。该队代表北京体育大学参加过8届全国大学生空手道锦标赛。15年间，笔者培养出63名全国大学生空手道冠军，培养的多名学生入选中国空手道国家队，培养的多名学生毕业后入选空手道省级专业队教练员团队，培养的地方空手道俱乐部教练员不计其数，为我国空手道运动的基层训练岗位输送了大量专业型人才。

整整15年的一线教学过程也是笔者从一个专业运动员向专业教练员、专业教师转变的过程。随着教学的不断深入，笔者逐渐梳理了一个个竞技空手道组手技术，汇总成本书。本书将技术进行分解讲解，并将其中的难点、重点和特征进行归类整理，让读者通过分步骤的方法逐步学习、连贯练习，熟练掌握竞技空手道组手技术。

在梳理过程中，笔者查阅了大量国内外空手道相关书籍，发现当前的空手道相关书籍对技术的关键细节以及发力的流程都没有详细讲解，导致读者无法真正掌握空手道的精髓。同时，大部分书籍只是文字配合图片，没有视频，不够直观，技术的完整动作需要读者在大脑中想象。因此，笔者结合当前情况，在前人的基础上进一步深入讲解单个技术，同时在重点部分配合图片，在技术完整动作中配合视频进行讲解，使读者可以更直观、更深入地学习竞技空手道技术。

在此特别感谢谭淦丰、孙嘉悦同学。谭淦丰同学整理了国内外大量空手道相关资料，结合当前主流学者的研究，对空手道运动的起源、发展进行了严谨分析。同时他作为模特参与了本书竞技空手道组手技术动作的图片、视频的拍摄。孙嘉悦同学在本书的配图、视频拍摄等方面付出了大量精力，从拍摄每个技术动作到选片、修图，以及视频的剪辑，再到后期配合编辑不断地进行修改、完善，全程尽职尽责。再次感谢以上同学为本书做出的贡献。

张剑波

2024年9月

CONTENTS目录

第一章
竞技空手道概述

自空手道成为2020年东京奥运会正式比赛项目以来，空手道多次出现在大众的视野中。小到地方赛事，大到全国性比赛，国内越来越多的人了解了空手道这一运动项目。但目前国内一部分人仍有“空手道是日本的武术”这一刻板印象。究其原因还是国内缺乏对空手道这一运动项目的科普和宣传，导致人们难以通过权威的途径去深入了解空手道。

现代竞技空手道的比赛项目分为组手和型两大项。组手是运动员运用拳法、腿法、摔法及相关的组合技术在一定的规则下的竞技对抗；型则相当于武术套路，是运动员在固定招式下的套路表演。本书主要围绕竞技空手道组手进行讲解。

2006年，我国开始组建中国空手道国家队，许多运动员凭着对空手道项目的热爱和激情纷纷跨项而来，中国空手道国家队逐渐成为一支强有力的队伍。2010年，中国空手道国家队在广州亚运会上获得2金1铜。同年，李红在塞尔维亚首夺世界空手道锦标赛冠军。2014年，中国空手道国家队在仁川亚运会上取得2银2铜；2018年，中国空手道国家队在雅加达亚运会上获得了1金2银；2020年，中国空手道国家队在世界空手道联合会K1超级联赛阿联酋迪拜站暨东京奥运会积分赛上取得2金。2021年，尹笑言获得东京奥运会空手道女子组手61公斤级银牌，龚莉获得东京奥运会空手道女子组手61公斤以上级铜牌。2023年，在杭州亚运会空手道女子组手61公斤级决赛中，龚莉夺得金牌。2023年，在匈牙利布达佩斯举办的世界空手道锦标赛上，龚莉勇夺女子组手61公斤以下级金牌，成为第二位在世界空手道锦标赛上夺得冠军的中国选手。

一、空手道的由来

（一）从中国武术到唐手

在历史上，中国与琉球有着密切的联系。尤其在明朝时期，琉球成为明朝的藩属国，向明朝进贡，同时它接受了许多中国文化的影响，其中就包括中国武术。琉球的唐手就源自明朝时期的中国武术。

关于唐手的起源有两种说法：一种说法是朱元璋派闽人三十六姓前往琉球，他们在琉球那霸港附近建立久米村，中国武术也因此传入琉球，与当地已有的拳法结合，形成了唐手；另一种说法是日本非法占领琉球后在当地施行禁武政策，琉球人为了反抗而学习中国武术，将其与当地已有的拳法结合，形成了唐手。

（二）从唐手到空手道

20世纪初，日本冲绳县厅将县内各校体育课中的唐手改名为空手，但不少习练者依旧使用“唐手”一词。1922年，来自冲绳的船越义珍前往东京，在由文部省主办的体育展览会上展示了唐手，随后唐手在日本迅速普及。1935年，船越义珍出版了《空手道教学方式》一书，唐手正式改名为空手道。

二、空手道的发展

早在1930年前后，宫城长顺便在日本的大阪、京都普及琉球拳法，并首先使用“刚柔流”作为自己流派的名称，而“刚柔”这一词引用了拳法八句中的“法刚柔吞吐”，包含阴阳协调及力度技巧之意。船越义珍于1934年用其雅号“松涛”在日本东京开设道场并命名为“松涛馆”，若干年后形成松涛馆流空手道。船越义珍也被学生拥为松涛馆流空手道的创始人。糸东流空手道的创始人摩文仁贤和在13岁时成为首里手名家糸洲安恒的嫡传弟子，在20岁时投入那霸手名师东恩纳宽量的门下。他于1927年在日本大阪开创了自己的空手道流派——糸东流，他为了纪念两位师父，就用两位师父的名字的第一个字作为其流派的名称。大冢博纪是和道流空手道的创始人，他在学习琉球唐手之前学习过日本的神道扬心流柔术。在当时，大冢博纪展示了自创的“唐手术乱取形”，获得众多好评。随后，大冢博纪以此为契机将空手道与日本柔术相结合创设和道流空手道。

目前，空手道的四大流派是刚柔流、松涛馆流、糸东流、和道流，各个流派的级数、段位、训诫等各有不同，基本技术以及“型”也有很大差异。这些流派在漫长的发展中成了当代日本空手道许多流派的基础，对空手道的发展做出了巨大贡献。

从中可以看到，无论哪个派别的空手道都脱离不了琉球的唐手，离不开中国武术。

三、从空手道到竞技空手道

空手道作为一门传统武术，历经了漫长的发展过程。在近代，由于社会、文化和体育环境的变化，空手道走上了竞技化的道路。这一过程涉及背景和动机、技术和规则、训练方式，以及赛事和竞技环境等多方面的变化，也出现了一些挑战和争议。

（一）变化

1. 背景和动机

传统空手道强调的是武道精神、道德准则和技术训练。然而，随着时间的推移和社会的变革，人们对武术的认知和需求也发生了改变。一些空手道从业者希望空手道转变为更具有竞技性的形式，以吸引更多人参与，提高其实用性，并使其更适应现代体育竞技的要求。

2. 技术和规则

传统空手道强调的是技术的精湛和内在的修养，但在竞技化的过程中，部分技术和规则发生了调整。竞技空手道通常更加注重实用性和效果，更偏向于适应实际比赛需要的技巧和战术。此外，规则的改变也使比赛更加激烈和具有观赏性。

3. 训练方式

为适应竞技化的要求，空手道的训练方式也进行了调整。训练重点更加倾向于技巧的练习、体能的提升以及战术的训练。与传统空手道注重内在修养和哲学意义不同，竞技空手道更注重在赛场上的表现和比赛的成绩。

4. 赛事和竞技环境

竞技空手道逐渐形成了一系列赛事，如世界空手道锦标赛、亚洲空手道锦标赛、欧洲空手道锦标赛等。这些赛事为空手道运动员提供了展示自己技艺的舞台，也推动了空手道竞技化的发展。另外，赛事的专业化和多样化使得空手道这一运动项目更具吸引力，并促进了其竞技化的发展。

（二）挑战和争议

竞技空手道也面临一些挑战和争议。一些传统派别对竞技化和规则改变表示担忧，认为这削弱了空手道的传统价值观和武道精神。另外，竞技化也可能导致过度追求比赛成绩而忽视了内在修养。在竞技化的过程中，有些空手道团体试图平衡传统价值观和竞技化的要求，他们强调保留传统空手道的哲学精神和技术传承，同时也兼顾竞技化所需的技术训练和规则适应。

（三）总结

总的来说，传统空手道走向竞技化的道路受到社会和体育环境变化的影响，并在实践中不断调整、变革。竞技化的发展让空手道在更广泛的范围内得到推广，也为更多人提供了了解和参与这一传统武术的机会。然而，如何在竞技化的同时保留其传统价值观和哲学意义，是一个需要不断探索和平衡的课题。

第二章

竞技空手道组手技术

第一节　竞技空手道组手基础技术

竞技空手道组手比赛的得分六要素为良好的姿势、竞技的态度、刚劲有力的技术应用、警戒的状态、好的时机把握和正确的距离。若要满足得分六要素，竞技空手道组手练习者往往需要在前期的训练中进行大量的基础技术练习。古语讲“磨刀不误砍柴工”，基础技术练习亦是如此。常见的竞技空手道组手基础技术包括步型、格挡、格斗式、步法等。

一、常见基础步型

（一）基本立步型

双脚左右开立，全脚掌着地，双脚间距与肩同宽。重心在双腿之间，保持平衡稳定。双脚脚尖微向外，成外八字站立。膝关节弯曲，弯曲程度以低头刚好看不到脚尖为宜。（图2–1）

（二）四股立步型

双脚左右开立，全脚掌着地，双脚间距约为脚掌长度的四倍。重心在双腿之间，保持平衡稳定。双脚脚尖向外，成外八字站立。膝关节弯曲角度接近90°。（图2–2）

图2–1　基本立步型

图2–2　四股立步型

（三）脱力步型

脱力步型不是静态步型，而是由基本立转换成四股立的组合步型。练习者要先成基本立姿势，再通过大腿肌肉忽然放松使身体产生“脱力”状态。此时身体会因重力而下降，在下降到四股立高度时双腿忽然用力向外侧移动成四股立。（图2-1、图2-2）

脱力步型

（四）前驱立步型

首先双脚左右开立，间距与肩同宽，然后一脚向后撤出一步的距离，以前腿膝关节弯曲角度为90°、后腿蹬直为宜。双脚均为全脚掌着地站立，重心在双腿之间，保持平衡稳定。（图2-3、图2-4）

图2-3　前驱立步型正面

图2-4　前驱立步型侧面

二、常见基础格挡

（一）下格挡

下格挡一般用于格挡对手从身体两侧发起的弧线进攻。以左手下格挡为例，练习者右臂伸直，右手握拳，拳心朝内挡于躯干正前方；左手握拳，贴近右耳，拳眼朝上，左手在右肩上，形成格挡发力的准备姿势。接着左手

左手下格挡

手腕向下翻转，贴右臂下滑发力，左臂伸直，顺势格挡到自身躯干的左前下方；右手迅速协同回收至腰间，完成格挡回收动作。整个格挡动作需要协调、流畅地完成。（图2–5、图2–6）

图2–5　左手下格挡1

图2–6　左手下格挡2

（二）中格挡

中格挡一般用于格挡对手从中间发起的直线进攻。以左手中格挡为例，练习者右臂弯曲，右手握拳，拳眼朝上挡于躯干左侧；左手握拳，拳心朝下；左前臂与右前臂贴靠成“X”形，左前臂在右前臂的外侧，形成格挡发力的准备姿势。接着左手手腕向内翻转，左臂顺势格挡到自身躯干的左前方，左肘与躯干间隔一拳的距离；右手迅速协同回收至腰间，完成格挡回收动作。整个格挡动作需要协调、流畅地完成。（图2–7、图2–8）

左手中格挡

图2-7　左手中格挡1

图2-8　左手中格挡2

（三）上格挡

上格挡一般用于格挡对手从上向下发起的下劈类进攻，以及正向的直线拳法击头技术进攻。以左手上格挡为例，练习者右臂弯曲，右手握拳，拳心朝后挡于躯干正前方；左手握拳，拳心朝后；左前臂与右前臂贴靠成“十”字，左前臂在右前臂的外侧，形成格挡发力的准备姿势。接着左臂贴紧右臂向上发力，带动左手手腕向上翻转，左臂顺势格挡到自身前额的前上方，与前额间隔一拳的距离；右手迅速协同回收至腰间，完成格挡回收动作。整个格挡动作需要协调、流畅地完成。（图2–9、图2–10）

左手上格挡

图2-9　左手上格挡1

图2-10　左手上格挡2

三、格斗式

（一）概述

格斗式又称实战式，是竞技空手道组手比赛中的基础防守姿势。根据自身的站位不同，格斗式可分为两种：一种是左格斗式（以下简称左式），练习者的左手、左脚在前，右手、右脚在后；另一种是右格斗式（以下简称右式），练习者的右手、右脚在前，左手、左脚在后。在竞技空手道组手比赛中，对手的站位与自身的站位的不同位置关系会形成不同的组合式。两人面对面同为左式或右式的组合式称为闭式站立，此时两人的站位就像两扇门闭合一样；一人为左式、另一人为右式的组合式称为开式站立，此时两人的站位就像两扇门开启一样。

（二）技术动作细节

以左式为例，练习者身体侧向前，左脚在前，右脚在后，双脚几乎站在一条直线上，重心落在双脚的前脚掌上，双脚脚跟微微离地。双脚间距为一小腿的距离，可用后腿小腿丈量（图2–11）。双腿膝关节微微弯曲，确保整个身体的弹性，弯曲程度以低头可见左脚脚尖为宜。左臂弯曲，手成半握拳状态，拳面与鼻尖在同一高度；右臂弯曲近90°，手成半握拳状态，前臂紧贴胸腹部。双臂自然放松，注意力集中，以随时配合移动、进攻和防守。（图2–12、图2–13）

图2–11　格斗式间距丈量

图2–12　左式正面

图2–13　左式侧面

四、基础实战步法

（一）弹跳步

弹跳步贯穿竞技空手道组手比赛的每一个阶段，一切的进攻与防守都伴随着弹跳步，因此弹跳步又被称为步法的介质，是竞技空手道组手基础技术的重中之重。弹跳步以格斗式为基础，主要由踝关节和小腿部位的肌肉发力，克服身体自身重力，有节奏地保持小幅度上下弹跳。练习者双脚前脚掌反复离地（离地不要太高）、触地，重心上下起伏，使身体保持机动、灵活的状态。弹跳步可原地弹跳，也可逐步向各个方向弹跳移动。

弹跳步

（二）前滑步

前滑步是竞技空手道组手比赛中常见的进攻步法。练习者格斗式站立，轻抬前脚，后脚前脚掌向后蹬地发力（蹬地动作都是用前脚掌发力，下文省略前脚掌），前脚几乎贴地向前滑。前脚落地后，后脚向前顺势跟随。滑步完成后双脚位置关系与滑步前保持一致。滑步动作几乎是瞬间完成的，因此会给人双脚同时向前滑的错觉，实则不然。双腿肌肉同时发力达不到向前移动的最好效果。

前滑步

（三）后滑步

后滑步是竞技空手道组手比赛中常见的防守步法。练习者格斗式站立，轻抬后脚，前脚向前蹬地发力，后脚几乎贴地向后滑。后脚落地后，前脚向后顺势跟随。滑步完成后双脚位置关系与滑步前保持一致。

后滑步

（四）左滑步

左滑步

左滑步是竞技空手道组手比赛中常见的转移身位步法。练习者格斗式站立，轻抬左脚，右脚向右蹬地发力，左脚几乎贴地向左滑。左脚落地后，右脚向左顺势跟随。滑步完成后双脚位置关系与滑步前保持一致。

（五）右滑步

右滑步

右滑步是竞技空手道组手比赛中常见的转移身位步法。练习者格斗式站立，轻抬右脚，左脚向左蹬地发力，右脚几乎贴地向右滑。右脚落地后，左脚向右顺势跟随。滑步完成后双脚位置关系与滑步前保持一致。

（六）前上步

前上步

前上步是竞技空手道组手比赛中可以大幅度接近对手的一种基础步法。练习者格斗式站立，重心向前脚转换，同时后脚上步接近前脚，根据接近对手需要的距离决定自己后脚上步的幅度，当后脚落地时重心完成转换，在后脚落地的瞬间前脚迅速向前滑步，恢复成格斗式。

（七）后撤步

后撤步

后撤步是竞技空手道组手比赛中可以大幅度远离对手的一种基础步法。练习者格斗式站立，重心向后脚转换，同时前脚撤步接近后脚，根据远离对手需要的距离决定自己前脚撤步的幅度，当前脚落地时重心完成转换，在前脚落地的瞬间后脚迅速向后滑步，恢复成格斗式。

（八）换跳步

换跳步

换跳步是指根据进攻或防守的不同需要，临时自主通过步法改变格斗式站位的一种实战步法，是竞技空手道组手比赛中常见的基础步法。以左式变为右式为例，练习者双脚同时发力，左脚向后、右脚向前替换站位，同时以髋关节转动带动躯干转动，身体胸腹部由朝右变成朝左。

第二节　竞技空手道组手拳法、腿法和摔法

竞技空手道组手是空手道运动员在一定的规则下运用拳法、腿法和摔法及相关的组合技术进行竞技对抗的运动。

一、竞技空手道组手拳法

竞技空手道组手拳法是空手道运动员在比赛中最常用的得分手段，具备快速、高效、技术难度较低、组合变化多的特点。竞技空手道组手拳法根据出击手的前后分为前手拳法和后手拳法，根据击打部位的不同分为上段拳法和中段拳法。竞技空手道组手拳法包括后手拳中段拳法、前手拳上段拳法、后手拳上段拳法。在竞技空手道组手比赛中，拳法可击打部位为头部、颈部、胸部、腹部，击打得分均为1分。当利用摔法将对手摔倒后（对手背部着地）迅速使用拳法击打，击打得分为3分。

（一）后手拳中段拳法

1. 概述

后手拳中段拳法属于直线技术。在比赛中，后手拳中段拳法一般用于击打对手锁骨以下、髋部以上部位，主要击打对手胸腹部，在比赛中通常用于迎击或与其他技术组合。快速下沉重心是后手拳中段拳法的要点。

后手拳中段拳法

2. 技术动作细节

（1）格斗式站立，后脚蹬地旋转带动髋关节旋转，同时前脚向外侧45°踏步，利用“脱力”的感觉（即身体踩空的感觉）迅速降低重心，在髋关节、膝关节、踝关节旋转的过程中收紧核心，后手拳贴着身体沿直线击打对手中段，

同时前手放置于对侧肩膀，掌心向外形成防守姿势。(图2–14、图2–15)

图2–14　后手拳中段拳法正面1

图2–15　后手拳中段拳法侧面1

(2) 在前脚踏步的同时完成后手拳中段拳法的击打，击打后前脚蹬地后撤，同时将后手拳回收，转髋拉开距离，同时前手向前推挡。(图2–16、图2–17)

图2–16　后手拳中段拳法正面2

图2–17　后手拳中段拳法侧面2

3. 分解教学方法

(1) 弓步“脱力”练习。

练习者格斗式站立，双手叉腰，重心在身体中间，双脚前脚掌着地，脚跟离地；发力时，前脚向正前方踏出，迅速降低重心成弓步，此时前腿的膝关节弯曲角度为90°，后腿蹬直；维持2~3秒后，前脚蹬地，恢复成格斗式。

注：注意寻找“失重”的感觉，培养快速降低重心的能力。

（2）弓步转髋练习。

练习者格斗式站立，双手叉腰，重心在身体中间，双脚前脚掌着地，脚跟离地；发力时，后脚蹬地旋转，前脚向侧前方踏出，转髋成弓步，此时前腿的膝关节弯曲角度为90°，后腿蹬直；维持2~3秒后，前脚蹬地，恢复成格斗式。

注：注意体会转髋的感觉，先慢速，熟练后再加快速度。

（3）弓步出拳练习。

练习者格斗式站立，双手成格斗式握拳姿势，重心在身体中间，双脚前脚掌着地，脚跟离地；发力时，后脚蹬地旋转，前脚向侧前方踏出，转髋的同时出后手中段拳，在前脚落地时完成出拳，前手抬起，放置于对侧肩膀进行格挡，此时成弓步，前腿的膝关节弯曲角度为90°，后腿蹬直；维持2~3秒后，前脚蹬地，恢复成格斗式。

注：慢速练习，培养转髋发力出拳的连贯性和协调性。当能协调连贯地做到转髋出拳后，加快速度，增加动作幅度，形成“脱力”。

（4）完整动作练习。

练习者在步法的基础上进行拳法击打，由慢到快完成动作。

4. 靶位强化教学

（1）两人一组固定靶练习。

给靶者弓步站立，双手叠放于上腹部给靶；击打者先慢速击打，找到适合自己的击打距离后再加快速度。

注：给靶者注意反馈力度，以使击打者找到合适的击打力度。

（2）两人一组固定反应靶练习。

给靶者使用口令或动作指令，击打者听到口令或看到动作指令后进行后手拳中段拳法的击打。

（3）两人一组移动反应靶练习。

迎击练习：给靶者格斗式站立，当其向前移动时，击打者使用后手拳中段拳法。

进攻练习：给靶者格斗式原地跳动，击打者用前手拨开给靶者前手，同时衔接后手拳中段拳法；给靶者格斗式移动，随机给靶，击打者根据距离、时机进行后手拳中段拳法的击打。

5. 重点与难点

重点在于击打的时机和部位的选择、击打后将拳快速回收，以及在击打的同时进行防守；难点在于需要充分转髋才能把拳击打至最远距离，以及只有找到“脱力”的感觉才能打出快速且具有爆发力的一拳。

6. 常见易犯错误

①转髋不充分，导致出拳不充分；②击打时重心过于靠前、靠后或左右倒；③击打后没有快速将拳回收；④击打时没有做好防守。

7. 在比赛中的应用

在比赛中，后手拳中段拳法具备快速、高效、隐蔽性强的特点，在进攻时通常配合前手拳法形成组合技术，如前手拳上段拳法接后手拳中段拳法，在这一组合技术中前手通常用于破坏对手防守或进行佯攻吸引对手的注意力，后手则用于打出关键一击。在防守时，后手拳中段拳法可以用于迎击，如当对手使用前手拳法或上段腿法进攻时，后手拳中段拳法可在降低重心躲避攻击的同时进行迎击。需要注意的是，后手拳中段拳法需要大幅度降低重心，在比赛中容易被对手的中段腿法击中，因此在迎击和进攻时均要做好格挡防守，避免被对手成功击打造成失分甚至受伤。

（二）前手拳上段拳法

1. 概述

前手拳上段拳法属于直线技术，具备快速、高效、击打距离远等特点，可与多类技术形成组合技术使用，在比赛中常用于破坏对手防守，结合其他拳法、腿法、摔法等进行组合进攻，是常用的进攻手段。

前手拳上段拳法

2. 技术动作细节

（1）格斗式站立，后脚蹬地发力，前脚向前踏步，重心前移，身体前倾，同时完成前手拳上段拳法的击打；后脚在蹬地后向前跟随，避免重心出现起伏。（图2–18、图2–19）

图2-18　前手拳上段拳法正面1

图2-19　前手拳上段拳法侧面1

（2）在前脚踏步之后继续往前小跳一步，将前手拳回收至腰间，在第二次落地瞬间前脚发力往前蹬地使身体停住，同时后手向前推挡。（图2-20、图2-21）

图2-20　前手拳上段拳法正面2

图2-21　前手拳上段拳法侧面2

3. 分解教学方法

（1）前手拳的出拳与收拳。

练习者格斗式站立，前手手臂伸直出拳，肩膀下沉，身体放松，保持稳定，然后屈臂收拳，恢复成格斗式。

注：出拳时手臂必须伸直，收拳时动作应干脆利落；出拳的路线应呈直线，不要出现拳呈弧线出或弧线回的情况。

（2）拳与上半身的配合。

练习者格斗式站立，前手在出拳后保持不动，前腿向正前方屈腿，身体前倾，重心移至前脚，后脚脚跟抬起，完成出拳；前脚蹬地恢复成格斗式，重心移回至双腿之间，上半身保持直立，同时完成收拳动作和后手推挡动作。

注：身体前倾时前手手臂伸直，拳头尽量往远处伸，使上半身最大幅度前倾；不要有太大的重心起伏。

（3）步法（抬、蹬、踏）。

练习者格斗式站立，上半身保持不动，在抬起前脚的同时后脚蹬地，身体向前，前脚向前踏步，继续往前小跳一步，恢复成格斗式。

注：蹬地时，尽量不要有太大的重心起伏（会导致身体运动轨迹呈弧线向前，从而使击打速度变慢），身体运动轨迹呈直线；蹬地时尽可能用力蹬远。

（4）收拳与步法的配合。

练习者格斗式站立，出前手上段拳，上半身保持不动，下半身完成抬、蹬、踏动作，落地前前手拳快速收至腰间，后手向前推挡，落地站稳，恢复成格斗式。

注：前手拳的回收要快速，在前脚第二次落地前将拳回收。

4. 靶位强化教学

（1）两人一组固定靶练习。

给靶者格斗式站立，后手掌心朝外置于下颌前给靶；击打者进行前手拳上段拳法的击打。

注：注意控制距离，将出拳动作做充分，击打后注意将拳回收；要在保障击打速度的同时做到对力度和距离的精确控制。

（2）两人一组固定反应靶练习。

给靶者格斗式原地跳动，随机给靶；击打者看准时机进行前手拳上段拳法的击打。

注：在追求反应速度的同时应注重动作质量。

（3）两人一组移动反应靶练习。

给靶者格斗式移动，随机给靶；击打者跟随移动，看准时机进行前手拳上段拳法的击打。

注：练习目的在于模拟实战、比赛，培养练习者的抢攻意识，培养其对距离和时机的控制能力。

5. 重点与难点

重点在于对距离和时机的控制，“快”是前手拳上段拳法的最主要特征；难点在于将拳击打到极限距离，以及步法与拳法的协调配合。

6. 常见易犯错误

①拳法与步法脱节，无法利用蹬地的力量快速移动进行击打；②击打时前手手臂没有完全伸直，无法击打至最远距离；③击打后没有快速将拳回收，没有推挡动作。

7. 在比赛中的应用

前手拳上段拳法具备快速、高效的特点，在比赛中常用于抢攻，即在双方僵持的情况下快速进攻，打破僵局，完成得分。前手拳法由于击打距离较远，因此在比赛中常用于连续进攻后的追击。前手拳上段拳法可谓是组合技术的“万金油”，任何技术都可与其进行结合，如常见的前手拳上段拳法接后手拳法的拳法组合技术，前手拳上段拳法接腿法的拳腿组合技术，前手拳上段拳法接摔法的拳摔组合技术。在不同的组合技术中，前手拳法可以发挥进攻、佯攻、拉拽等作用。

（三）后手拳上段拳法

1. 概述

后手拳上段拳法属于直线技术，与拳击、散打中的后手直拳类似。后手拳上段拳法在比赛中常用于结合前手拳法进行快速上段进攻，或用于迎击，击打部位为除咽喉外锁骨以上所有上段。由于后手拳上段拳法相较于前手拳上段拳法和后手拳中段拳法来说力度更大，因此在使用时需要特别注意控制距离与力度，避免造成过击、重击，否则会造成犯规和对对手的伤害。

后手拳上段拳法

2. 技术动作细节

（1）格斗式站立，后脚蹬地旋转，腰部与上半身配合旋转，带动后手拳向前击打。（图2-22、图2-23）

图2-22　后手拳上段拳法正面1

图2-23　后手拳上段拳法侧面1

（2）出拳后，利用腰部旋转的力量将后手拳回收，同时前手向前推挡。（图2-24、图2-25）

图2-24　后手拳上段拳法正面2

图2-25　后手拳上段拳法侧面2

3. 分解教学方法

（1）原地格斗式转髋练习。

练习者格斗式站立，双手叉腰，重心在双腿中间；后脚蹬地旋转，转髋、转体，维持2~3秒后恢复成格斗式。

（2）原地出拳练习。

练习者格斗式站立，后脚蹬地旋转，转髋、转体、送肩，后手手臂放松将拳击打出去，击打后及时将后手拳回收，同时前手向前推挡。

（3）移动出拳练习。

击打时，练习者后脚蹬地发力、旋转并向前滑动，前脚向前踏步；在后脚蹬地的同时转髋、转体，在前脚踏步的同时使用后手上段拳进行击打，击打后充分利用腰部旋转的力量及时将后手拳回收，前脚蹬地使身体停住，同时前手向前推挡。

4. 靶位强化教学

（1）两人一组固定靶练习。

给靶者格斗式站立，后手掌心朝外置于下颌前给靶；击打者进行后手拳上段拳法的击打。击打者在动作熟练的基础上，还可练习利用前手拉拽给靶者道服、佯攻、拍击给靶者前手等方式破坏给靶者的防守并迅速衔接后手拳上段拳法。

注：动作由慢到快，充分转髋、转体，将拳击打至最远距离。

（2）两人一组固定反应靶练习。

给靶者格斗式原地跳动，随机给靶；击打者看准时机进行后手拳上段拳法的击打。

注：抓住进攻时机，注意动作质量。

（3）两人一组移动反应靶练习。

给靶者格斗式移动，随机给靶；击打者需要不断调整距离，同时看准时机迅速使用后手拳上段拳法进行迎击。

注：需要时刻控制距离，在距离合适的时候主动迎击。

5. 重点与难点

重点在于转脚、转髋、转体、送肩以及放松出拳，充分利用旋转的力量打出具有爆发力的一拳；难点在于将腰部充分旋转和步法结合，使后手拳击打至最远距离，以及脚尖、腰部、肩膀的协调配合发力。

6. 常见易犯错误

①未充分转髋、转体、送肩；②出拳时肩膀过于紧张导致耸肩；③结合步法击打时动作脱节。

7. 在比赛中的应用

后手拳上段拳法在比赛中可用于两种情况。其一，防守中的迎击或反击。在比赛中，当对手使用前手拳上段拳法进攻时，练习者可以利用自身前手通过按压、格挡等方式进行防守，同时衔接后手拳上段拳法进行迎击或反击。其二，主动进攻。在比赛中，直接进行后手拳上段拳法的进攻容易被对手识破，因此衍生出另一种后手拳上段拳法的进攻形式——通过蹬地冲刺的形式将后手拳上段拳法以更快的速度进行击打，同时需要利用前手轻微拉拽对手的道服，控制对手的前手，减少对手的干扰。此外，还可将前手拳上段拳法与后手拳上段拳法进行组合，形成连续进攻。

（四）前手拳上段拳法接后手拳上段拳法

前手拳上段拳法接后手拳上段拳法

1. 概述

前手拳上段拳法接后手拳上段拳法是竞技空手道组手比赛中常见的拳法之一。与拳击、散打比赛的前后手拳法连击不同，竞技空手道组手比赛中前后手拳法连击的距离更远，要求步法与拳法高度协调配合。另外，竞技空手道组手比赛具有严格的得分判定标准，因此前手拳上段拳法接后手拳上段拳法的击打动作必须高度注意动作细节，充分击打。

2. 技术动作细节

（1）格斗式站立，击打时后脚蹬地做前滑步，同时进行前手拳上段拳法的击打。（图2–26、图2–27）

图2–26　前手拳上段拳法接后手拳上段拳法正面1

图2–27　前手拳上段拳法接后手拳上段拳法侧面1

（2）完成前手拳上段拳法的击打后，后脚再次快速蹬地，前脚向前踏步，同时转髋、转体进行后手拳上段拳法的击打。（图2-28、图2-29）

图2-28　前手拳上段拳法接后手拳上段拳法正面2

图2-29　前手拳上段拳法接后手拳上段拳法侧面2

（3）击打后利用腰部旋转的力量将后手拳回收，前脚蹬地带动转髋和后撤，拉开距离，同时前手向前推挡。（图2-30、图2-31）

图2-30　前手拳上段拳法接后手拳上段拳法正面3

图2-31　前手拳上段拳法接后手拳上段拳法侧面3

3. 分解教学方法

（1）步法练习。

练习者格斗式站立，双手叉腰；先慢速进行前滑步接踏步接蹬地和转髋的练习，动作熟练后再加快速度。

（2）完整动作练习。

练习者在步法的基础上进行拳法击打，由慢到快完成动作，注意体会两次蹬地发力的步法衔接。

4. 靶位强化教学

（1）两人一组固定靶练习。

给靶者格斗式站立，后手掌心朝外置于下颌前给靶；击打者进行前手拳上段拳法接后手拳上段拳法的击打。

注：动作速度由慢到快，找到适合自己的进攻距离。

（2）两人一组固定反应靶练习。

给靶者格斗式站立，随机给靶；击打者看准时机进行前手拳上段拳法接后手拳上段拳法的击打，注意将拳回收和拉开距离。

（3）两人一组移动反应靶练习。

给靶者格斗式移动，随机给靶；击打者控制距离，看准时机进行前手拳上段拳法接后手拳上段拳法的击打。

注：寻找合适的进攻时机与距离。

（4）两人一组移动反击练习。

给靶者格斗式移动，进行前手拳法的击打；击打者需要通过上半身的躲闪以及脚步的后撤、横移等方式躲开进攻，并看准时机迅速进行前手拳上段拳法接后手拳上段拳法的击打完成反击。

5. 重点与难点

重点在于利用两次蹬地的力量完成远距离的击打；难点在于将两次蹬地协调结合，确保后手拳上段拳法能充分击打。

6. 常见易犯错误

①两次蹬地脱节，步法结合不协调；②前手拳法击打不充分，无法达到佯攻效果；③后手拳法击打不充分，无法发挥最好的击打效果。

7. 在比赛中的应用

前手拳上段拳法接后手拳上段拳法在比赛中通常用于双方距离较远时。此时可以不断地利用步法、前手进行佯攻试探，调动对手的注意力，在试探的同时略微拉近距离；当对手进入攻击范围时，便可使用该组合技术完成进攻。在比赛中，前手常通过佯攻、拉拽、拍击等方式破坏对手防守或吸引对手的注意力。

（五）前手拳上段拳法接后手拳中段拳法

1. 概述

前手拳上段拳法接后手拳中段拳法相较于前手拳上段拳法接后手拳上段拳法来说击打距离更远，技术难度更高。该组合技术涉及重心的快速变化，对击打者的身体素质及协调性有较高的要求。在比赛中，前手拳上段拳法接后手拳中段拳法的组合技术往往能获得较好的击打效果。

前手拳上段拳法接后手拳中段拳法

2. 技术动作细节

（1）格斗式站立，后手置于上腹部做好击打准备。击打时，后脚蹬地做前滑步，同时使用前手拳上段拳法。（图2–32、图2–33）

图2–32　前手拳上段拳法接后手拳中段拳法正面1

图2–33　前手拳上段拳法接后手拳中段拳法侧面1

（2）后脚触地的瞬间再次蹬地发力，带动转髋、转体，前脚快速向前踏步，重心快速下沉，利用蹬地的力量、失重造成的“脱力”和腰部旋转的力量进行后手拳中段拳法的快速击打。（图2–34、图2–35）

图2-34　前手拳上段拳法接后手拳中段拳法正面2

图2-35　前手拳上段拳法接后手拳中段拳法侧面2

（3）击打后前脚蹬地后撤，同时利用腰部旋转的力量将后手拳回收，与对手拉开距离，同时前手向前推挡。（图2-36、图2-37）

图2-36　前手拳上段拳法接后手拳中段拳法正面3

图2-37　前手拳上段拳法接后手拳中段拳法侧面3

3. 分解教学方法

（1）连续前滑步练习。

前手拳上段拳法接后手拳中段拳法的关键在于后脚连续、快速、协调地蹬地爆发。练习者格斗式站立，保持格斗式姿势做连续前滑步，由慢到快。

注：保持重心稳定，避免重心上下起伏。

（2）步法练习。

练习者格斗式站立，双手叉腰，后脚蹬地做前滑步，后脚落地瞬间再次蹬地，前脚快速向前踏步，转髋、转体，降低重心成弓步。

（3）完整动作练习。

练习者在步法的基础上进行前手拳上段拳法接后手拳中段拳法的击打。

注：体会步法与拳法结合的感觉，做到发力快速、协调。

4. 靶位强化教学

（1）两人一组固定靶练习。

给靶者格斗式站立，先将后手掌心朝外置于下颌前给靶，再将双手叠放于上腹部给靶；击打者先用前手拳上段拳法进行击打，然后衔接后手拳中段拳法击打给靶者腹部前的靶，前脚落在给靶者双脚之间，动作先慢速后快速。

（2）两人一组固定反应靶练习。

给靶者格斗式站立，随机发出击打口令；击打者听到口令后完成前手拳上段拳法接后手拳中段拳法的击打。

注：注意动作质量。

（3）两人一组移动反应靶练习。

给靶者格斗式移动，随机给靶；击打者在合适的距离进行前手拳上段拳法接后手拳中段拳法的击打。

注：时刻控制距离，调整自身位置。

5. 重点与难点

重点在于利用连续两次蹬地的力量、失重产生的“脱力”和腰部旋转的力量进行后手拳中段拳法的快速击打；难点在于找到“脱力”的感觉，将蹬地的力量和腰部旋转的力量协调结合起来打出具备爆发力且出其不意的后手中段拳。

6. 常见易犯错误

①重心未下降；②脚步衔接不连贯，出现步法的脱节；③击打时腰部未充分旋转，手臂未充分伸展。

7. 在比赛中的应用

前手拳上段拳法接后手拳中段拳法的组合技术在比赛中常用于双方对峙时。这一组合技术先利用前手拳上段拳法快速、高效、进攻距离远的特点打破僵局，吸引对手的注意力，再结合后手拳中段拳法快速下降重心对对手的腹部进行击打。当对手被前手拳上段拳法吸引注意力时，后手拳中段拳法由于重心上下的快速变化，是对手难以防御的。如果在这之前进行步法或假动作的铺垫，那么前手拳上段拳法接后手拳中段拳法的击打成功率将大大提高。

（六）后手拳上段拳法接前手拳上段拳法

后手拳上段拳法
接前手拳上段拳法

1. 概述

该组合技术为两个上段拳法的连续快速击打，速度快、具有迷惑性、击打距离远。与其他格斗项目的后手拳法接前手拳法相似，该组合技术先利用后手拳法吸引对手的注意力，再利用前手拳法快速、高效、进攻距离远的特点进行攻击。不同的是，竞技空手道组手中的前手拳法还需要配合脚步的移动才能完全发挥前手拳法的优势。因此，在比赛中，该组合技术很考验练习者的脚步移动和衔接能力，需要具备较强的爆发力和协调性。

2. 技术动作细节

（1）格斗式站立，进攻时重心在后脚，出后手拳上段拳法时后脚蹬地，同时前脚踏步迷惑对手，重心前移至双腿之间。此时后手拳上段拳法的击打应快速有力，击打距离只需要达到完整后手拳上段拳法的一半左右，用作佯攻。（图2–38、图2–39）

图2–38　后手拳上段拳法接前手拳上段拳法正面1

图2–39　后手拳上段拳法接前手拳上段拳法侧面1

（2）后脚再次蹬地发力，迅速衔接前手拳上段拳法的击打，同时回收用

作试探的后手拳，身体进一步伸展，用前手拳上段拳法击打至最远距离。（图2–40、图2–41）

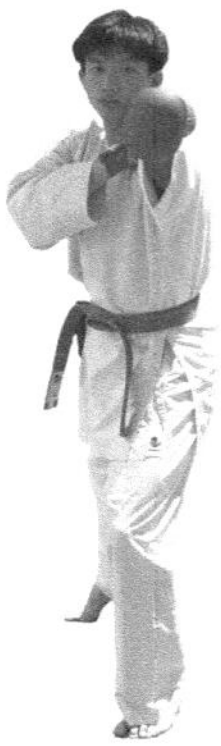

图2–40　后手拳上段拳法接前手拳上段拳法正面2

图2–41　后手拳上段拳法接前手拳上段拳法侧面2

（3）再顺势往前一步，前脚蹬地使身体停住，迅速将前手拳回收，同时后手向前推挡。（图2–42、图2–43）

图2–42　后手拳上段拳法接前手拳上段拳法正面3

图2–43　后手拳上段拳法接前手拳上段拳法侧面3

3. 分解教学方法

（1）脚步衔接练习。

练习者格斗式站立，后脚蹬地转动，转髋，成弓步，用后手拳上段拳法进行击打，此时重心在双腿之间；随后，后脚再次蹬地发力进行前手拳上段拳法的击打。

注：注意脚步的转换与拳法的衔接，控制速度，找到衔接的时机。

（2）完整动作练习。

练习者格斗式站立，快速进行后手拳上段拳法的击打，同时前脚踏步，后脚再次蹬地进行前手拳上段拳法的击打，注意时刻保持将拳回收的意识。

4. 靶位强化教学

（1）两人一组固定靶练习。

给靶者格斗式站立，后手掌心朝外置于下颌前给靶；击打者先用后手拳上段拳法击打给靶者前手，重心保持在双腿之间，当后手拳触碰给靶者前手的瞬间，再用前手拳上段拳法击打给靶者后手。

注：击打者需要找到合适的进攻距离，如果后手拳触碰给靶者后手再进行前手拳上段拳法的击打，会导致前手拳上段拳法无法充分施展，因此击打者需要后退至合适距离，确保前手拳上段拳法能充分击打，符合得分要求。

（2）两人一组固定反应靶练习。

给靶者格斗式站立，随机给靶；击打者看准时机进行后手拳上段拳法接前手拳上段拳法的击打。

（3）两人一组移动反应靶练习。

给靶者与击打者同时利用步法、前手进行试探，击打者需要保持进攻意识，抓住给靶者试探的瞬间迅速使用后手拳上段拳法接前手拳上段拳法完成进攻。

5. 重点与难点

重点在于两个上段拳法的连续快速击打需要用前一个上段拳法迷惑对手，用后一个上段拳法完成得分；难点在于重心的转变和脚步的衔接，以及将后手拳上段拳法的佯攻做得逼真。

6. 常见易犯错误

①拳法与步法衔接脱节；②重心转换不及时，后手拳上段拳法没有发挥佯攻的效果；③前手拳上段拳法的使用不符合得分要求。

7. 在比赛中的应用

后手拳上段拳法接前手拳上段拳法在比赛中常用于打破僵局。该组合技术利用后手拳上段拳法的佯攻迷惑对手，再利用前手拳上段拳法的快速击打完成得分。在比赛中，仅靠上身的后手拳上段拳法佯攻并不能充分地吸引对手的注意力，需要结合踏步完成佯攻，对手的视觉、听觉均受到误导时就是前手拳上段拳法击打得分的好时机。

二、竞技空手道组手腿法

（一）蹴踢

1. 概述

蹴踢在竞技空手道组手腿法中属于直线腿法。其主要特点是击打速度快、隐蔽性强、杀伤力大。蹴踢在比赛中的击打部位一般为对手腹部，击打得分为2分。

前腿蹴踢

2. 技术动作细节

（1）前腿蹴踢。

蓄力准备阶段：格斗式站立，将全部重心转换到后脚上，同时前腿提膝，膝关节弯曲角度为90°，脚背自然放松，脚尖勾起。（图2–44、图2–45）

图2–44　前腿蹴踢正面1

图2–45　前腿蹴踢侧面1

发力击打阶段：后脚蹬地，将地面反作用力通过身体动力链传导给髋关节，转髋带动前腿小腿快速击打，击打瞬间脚背用力绷直，脚尖向上勾紧，使用前脚掌击打。（图2–46、图2–47）

图2-46　前腿蹴踢正面2

图2-47　前腿蹴踢侧面2

回收阶段：击打完成后，前腿小腿迅速回收，往前落脚，重心恢复到身体中间。

（2）后腿蹴踢。

蓄力准备阶段：格斗式站立，重心向前脚转换，后脚蹬地，将地面反作用力通过身体动力链传导给髋关节，转髋带动后腿提膝，膝关节弯曲角度为90°，脚背自然放松，脚尖勾起。（图2-48、图2-49）

后腿蹴踢

图2-48　后腿蹴踢正面1

图2-49　后腿蹴踢侧面1

发力击打阶段：后腿小腿快速击打，击打瞬间脚背用大绷直，脚尖向上勾紧，使用前脚掌击打。（图2-50、图2-51）

图2-50　后腿蹴踢正面2

图2-51　后腿蹴踢侧面2

回收阶段：击打完成后，后腿小腿迅速回收，顺势往前落脚（后腿变前腿），重心恢复到身体中间。

3. 分解教学方法

（1）重心转换练习。

此练习主要练习重心转换和提膝蓄力。需要注意的是，前腿蹴踢和后腿蹴踢重心转换的比例不一样。练习时，若练习者重心不稳，可以两人一组相互辅助，练习者单手扶辅助者肩膀练习重心转换和提膝蓄力，确保重心平稳。

（2）击打练习。

练习者仰卧在垫子上进行击打练习，前腿大腿向胸腹部贴靠，小腿夹紧，反复练习击打，同时认真观察击打接触部位，确保击打接触部位为前脚掌。

（3）完整动作练习。

练习者尝试将重心转换、击打动作、回收动作连贯起来，可以先慢速再快速，提高动作的流畅性、稳定性、准确性，直至技术动作完全熟练。

4. 靶位强化教学

（1）两人一组固定靶练习。

给靶者手持方形大脚靶，使方形大脚靶贴紧躯干，躯干微前倾，正面朝向击打者，站定；击打者通过反复练习确定自身蹴踢的合适距离，提高动作的流畅性。

（2）两人一组移动反应靶练习。

给靶者手持方形大脚靶，使方形大脚靶贴紧躯干，躯干微前倾，正面朝向击打者，保持弹跳步，模拟比赛中运动员的移动规律不停地移动；击打者通过预判给靶者的移动并进行击打，强化对蹴踢击打时机的捕捉能力。

5. 重点与难点

重点在于击打时的爆发力，将力量集中于前脚掌一个点上，保持击打动作的流畅性；难点在于保持身体平衡，以及找到前腿蹴踢和后腿蹴踢各自的重心转换比例。

6. 常见易犯错误

①击打时重心没有转换，导致无法完整蓄力，击打腿回收时重心不稳；②使用全脚掌击打，造成击打接触面积过大（接触面积过大时击打产生的压强小），导致击打效果不好。

7. 在比赛中的应用

蹴踢属于竞技空手道组手腿法中的直线腿法。直线腿法相较于弧线腿法的优点在于速度更快、隐蔽性更强，同时可以通过击打破坏对手重心，但缺点在于有效击打部位少。由于上述原因，在比赛中，蹴踢多用于迎击。在对手使用技术改变身体位置的空当使用蹴踢进行迎击，能达到破坏对手进攻节奏的效果。在比赛中，对手在比分落后时一定急于进攻追分，此时蹴踢就可以很好地破坏对手进攻，保持甚至扩大比分优势，直至比赛胜利。

（二）侧踢

1. 概述

侧踢在竞技空手道组手腿法中和蹴踢一样属于直线腿法。其主要特点是击打速度快、隐蔽性强、杀伤力大。侧踢在比赛中的击打部位一般为对手躯干，击打得分为2分。

2. 技术动作细节

（1）前腿侧踢。

蓄力准备阶段：格斗式站立，将全部重心转换到后脚上，同时前腿提膝，小腿与地面接近平行，脚背勾紧，脚掌对准前方。（图2-52、图2-53）

前腿侧踢

图2-52　前腿侧踢正面1

图2-53　前腿侧踢侧面1

发力击打阶段：后脚蹬地，将地面反作用力通过身体动力链传导给髋关节，转髋带动前腿大腿发力蹬伸击打。区别于蹴踢，侧踢时小腿肌肉几乎不发力，主要靠地面反作用力以及大腿发力蹬伸击打。（图2–54、图2–55）

图2-54　前腿侧踢正面2

图2-55　前腿侧踢侧面2

回收阶段：击打完成后，前腿先往后收再落脚，重心恢复到身体中间。

（2）后腿侧踢。

蓄力准备阶段：格斗式站立，将全部重心转换到前脚上，同时后脚蹬地发力使躯干旋转180°，前脚以前脚掌为轴旋转超过90°，后腿提膝，小腿与地面接近平行（此时后腿到了前面成了前腿），脚背勾紧，脚掌对准前方。（图2–56、图2–57）

后腿侧踢

图2-56　后腿侧踢正面1

图2-57　后腿侧踢侧面1

发力击打阶段：支撑脚蹬地，将地面反作用力通过身体动力链传导给髋关节，转髋带动击打腿大腿发力蹬伸击打。（图2-58、图2-59）

图2-58　后腿侧踢正面2

图2-59　后腿侧踢侧面2

回收阶段：击打完成后，击打腿先往后收再往前落脚，重心恢复到身体中间。

3. 分解教学方法

（1）重心转换练习。

此练习主要练习重心转换和提膝蓄力。后腿侧踢与前腿侧踢的不同之处在于有一个蹬地带动躯干旋转的过程。练习时，若练习者重心不稳，可以两人一组相互辅助，练习者单手扶辅助者肩膀练习重心转换和提膝蓄力，确保重心平稳。

（2）击打练习。

练习者侧卧在垫子上进行击打练习。击打腿大腿向胸腹部贴靠，使小腿与躯干垂直，用脚掌对准上方，反复练习击打发力，同时认真体会大腿肌肉发力，以及有没有牵动小腿肌肉发力。如果肌肉发力不明确，可以用手按住大腿股四头肌的位置，每次发力时用手按压股四头肌，以更快地找到大腿肌肉发力的感觉。

（3）完整动作练习。

练习者尝试将重心转换、击打动作、回收动作连贯起来，可以先慢速再快速，提高动作的流畅性、稳定性、准确性，直至技术动作完全熟练。

4. 靶位强化教学

（1）两人一组固定靶练习。

给靶者后手持方形小脚靶，使方形小脚靶紧贴躯干前侧，站定；击打者通过反复练习确定自身侧踢的合适距离，提高动作的流畅性。

（2）两人一组移动反应靶练习。

给靶者后手持方形小脚靶，使方形小脚靶紧贴躯干前侧，保持弹跳步，模拟比赛中运动员的移动规律不停地移动；击打者通过预判给靶者的移动并进行击打，强化对侧踢击打时机的捕捉能力。

5. 重点与难点

重点在于重心转换时身体的稳定性，同时还需要充分发力，以及在击打过程中保持躯干与地面垂直（躯干前倾、后仰或左右倾斜都会破坏重心，导致击打力量不充分）；难点在于击打时机的把握，直线技术有效得分部位少，所以针对侧踢击打时机的捕捉能力进行训练对于侧踢的应用至关重要。

6. 常见易犯错误

①重心没有转换，导致无法完整蓄力，击打腿回收时重心不稳；②发力击打阶段使用小腿发力，导致击打路线由直线变成弧线；③回收不到位。

7. 在比赛中的应用

侧踢和蹴踢类似，同样属于竞技空手道组手腿法中的直线腿法。直线腿法相较于弧线腿法的优点在于速度更快、隐蔽性更强，同时可以通过击打破坏对手重心，但缺点在于有效击打部位少。侧踢还是击打距离最远的单一技术，因此，无论对手使用什么技术，都可以使用侧踢进行迎击，破坏对手进攻。在对手使用技术改变身体位置的空当使用侧踢进行迎击，能达到破坏对手进攻节奏的效果。在比赛中，对手在比分落后时一定急于进攻追分，此时侧踢就可以很好地破坏对手进攻，保持甚至扩大比分优势，直至比赛胜利。

（三）横踢

1. 概述

横踢因为击打面积大、得分效果好，成为竞技空手道组手比赛中的常见腿法之一。横踢根据出击腿的前后位置可分为前腿横踢和后腿横踢，根据击打部位的不同可分为中段横踢和上段横踢。横踢属于弧线腿法，击打对手中段得2分，击打对手上段得3分，击打部位为所有有效得分部位。在击打对手上段时需要注意，因为竞技空手道组手竞赛规则规定上段进攻技术需要寸止，所以所有击打对手上段的技术都需要做到精确控制。

前腿横踢、后腿横踢之间的区别与前腿侧踢、后腿侧踢之间的区别类似，主要是后腿进行击打会带动躯干大幅度地旋转，中段横踢和上段横踢发力模式一致，所以本部分只以最常见的后腿中段横踢为例进行讲解。

2. 技术动作细节

后腿中段横踢

蓄力准备阶段与发力击打阶段（横踢的蓄力与击打连续、无停顿）：格斗式站立，将全部重心转换到前脚上，同时后脚蹬地，借助地面反作用力提膝（图2-60、图2-61）。身体惯性带动髋关节、躯干和支撑脚旋转，支撑脚以前脚掌为轴旋转超过90°，击打腿大小腿折叠、夹紧，膝关节延长线对准前方（图2-62、图2-63）。小腿发力击打，击打接触部位为脚背（图2-64、图2-65）。整个蓄力准备阶段与发力击打阶段由后脚蹬地开始，环环相扣直至击打结束，动力链不能断开。

图2-60　后腿中段横踢正面1

图2-61　后腿中段横踢侧面1

图2-62　后腿中段横踢正面2

图2-63　后腿中段横踢侧面2

图2-64　后腿中段横踢正面3

图2-65　后腿中段横踢侧面3

回收阶段：后腿横踢在回收时需要借助击打目标给的反作用力。击打完成后，先往后收击打腿，再往前落脚，重心恢复到身体中间。如果未能击打到目标，则直接落脚，无须做往后回收的动作。

3. 分解教学方法

（1）重心转换练习。

此练习主要练习重心转换和提膝、转髋。提膝和转髋可以分解练习，每次转髋后膝、髋、肩应在同一平面上。练习时，若练习者重心不稳，可以两人一组相互辅助，练习者单手扶辅助者肩膀，练习重心转换和提膝、转髋。如无辅助者，练习者也可以借助可支撑的物体，确保重心平稳，直至动作熟练。

（2）击打练习。

练习者侧卧在垫子上进行击打练习。击打腿向上提膝，保持膝、髋、肩在同一平面上，膝关节对准上方，小腿发力反复练习击打，击打瞬间脚背要绷紧。

（3）完整动作练习。

练习者尝试将重心转换、击打动作、回收动作连贯起来，可以先慢速再快速，提高动作的流畅性、稳定性、准确性，直至技术动作完全熟练。

4. 靶位强化教学

（1）两人一组固定靶练习。

给靶者前手持方形小脚靶，与击打者成开式站立，使方形小脚靶侧面朝向击打者并朝下倾斜30°左右，站定；击打者通过反复练习确定自身横踢的合适距离，提高动作的流畅性。

（2）两人一组移动反应靶练习。

给靶者后手持方形小脚靶，使方形小脚靶紧贴自己的腰背部，保持弹跳步，模拟比赛中运动员的移动规律不停地移动；击打者通过预判给靶者的移动并进行击打，强化对横踢击打时机的捕捉能力。

5. 重点与难点

重点在于重心转换时身体的稳定性（只有重心稳定才能充分发力，且不露破绽），以及提膝、转髋、弹腿的协调、连贯，动力链不能断开；难点在于上段横踢较难控制（上段进攻技术要求寸止，必须将击打控制得极其精确，否则力量过大会造成犯规）。另外，击打对手上段要求练习者具备较强的柔韧性，需要持之以恒、循序渐进地进行拉伸。

6. 常见易犯错误

①支撑脚旋转幅度不够；②转髋后膝、髋、肩不在同一平面上，导致击打无法完全展开。

7. 在比赛中的应用

横踢在比赛中的击打部位为所有有效得分部位，进攻时机非常多，可以单独进攻也可以配合拳法进攻，同时可以借助横踢接近对手然后衔接摔法，所以横踢在比赛中既是得分手段又是战术手段。但横踢这类弧线腿法的击打速度会慢于直线腿法（两点之间直线段最短），所以有效的横踢往往伴随拳法的佯攻。

（四）后踢

1. 概述

后踢在竞技空手道组手腿法中属于旋转直线腿法。其主要特点是惯性大、迷惑性强、隐蔽性强、杀伤力大。后踢在比赛中的击打部位为躯干，击打得分为2分。

后踢

2. 技术动作细节

蓄力准备阶段：格斗式站立，将全部重心转换到前脚上，同时头部旋转带动腰部、躯干、支撑脚前脚掌旋转。若右腿在后，则向右转完成后踢，右腿为击打腿；若左腿在后，则向左转完成后踢，左腿为击打腿。旋转时击打腿顺势提膝贴近胸腹部，小腿与大腿夹紧，脚背勾紧，躯干前倾，含胸收腹，视线与肩膀、击打目标在同一条直线上。（图2–66、图2–67）

发力击打阶段：支撑脚蹬地，将地面反作用力通过身体动力链传导给髋关节，转髋带动击打腿大腿发力蹬伸击打，击打脚脚背全程用力勾紧，击打接触部位为全脚掌。（图2–68、图2–69）

图2-66　后踢正面1

图2-67　后踢侧面1

图2-68　后踢正面2

图2-69　后踢侧面2

回收阶段：如果有效击打到目标则身体各部位借助对手给的反作用力以及身体各部位的主动旋转原路返回，击打腿迅速落脚，重心恢复到身体中间；如果击打落空则身体各部位不需要原路返回，击打完成后借助进攻惯性使击打腿直接往前落脚。

3. 分解教学方法

（1）重心转换练习。

练习者格斗式站立，重心向前脚转换，以支撑脚前脚掌为轴旋转练习转身动作的重心转换；由直视目标开始，在旋转后快速盯住之前视线锁定的位置。

练习时，若练习者转身时动作不熟练、重心不稳，可以两人一组配合练习。两人成闭式站立，前手击掌然后两人同时完成转身动作，迅速衔接后手击掌。动作熟练后，可借助可支撑的物体（桌、椅等）简单借力支撑完成转身。练习者背对可支撑的物体，转身后面朝可支撑的物体以借力支撑，击打腿提膝贴近胸腹部，同时视线与肩膀、击打目标在一条直线上。转身时应全程含胸收腹，不能挺胸。

（2）击打练习。

练习者跪撑在垫子上进行击打练习。眼睛瞄准击打目标后，击打腿大腿发力蹬伸，同时观察击打路线是否是直线。后踢发力与侧踢类似，小腿肌肉不参与发力。如果小腿肌肉发力，会导致击打路线不直。

（3）完整动作练习。

练习者尝试将重心转换、转身、击打动作、回收动作连贯起来，可以先慢速再快速，确保动作的流畅性、稳定性、准确性，直至技术动作完全熟练。

4. 靶位强化教学

（1）两人一组固定靶练习。

给靶者手持方形大脚靶，使方形大脚靶贴紧躯干，躯干微前倾，正面朝向击打者，站定；击打者通过反复练习确定自身后踢的合适距离，提高动作的流畅性。

（2）两人一组移动反应靶练习。

给靶者手持方形大脚靶，使方形大脚靶贴紧躯干，躯干微前倾，正面朝向击打者，保持弹跳步，模拟比赛中运动员的移动规律不停地移动；击打者通过预判给靶者的移动并进行击打，强化对后踢击打时机的捕捉能力。

5. 重点与难点

重点在于转身时先转头，以保持动作的流畅性，以及小腿不参与发力，以确保击打路线呈直线；难点在于转身时的身体稳定性，初学者在转身后很难在单腿支撑的情况下站稳，需要借助可支撑的物体进行练习。

6. 常见易犯错误

①转身角度不够，导致看不到身后，无法准确瞄准目标，或者无法确保击打路线呈直线；②击打时小腿肌肉发力，最后导致击打路线呈弧线；③转身后挺胸，导致躯干重心高，击打腿重心低，击打位置偏低，无法击打到有效得分

部位，且容易击打到对手裆部，造成进攻犯规。

7. 在比赛中的应用

后踢属于竞技空手道组手腿法中的旋转直线腿法。单纯的直线腿法相较于弧线腿法优点在于速度快，然而加上旋转动作，后踢的速度优势就没有了，但后踢仍然是竞技空手道组手腿法中较常见的腿法之一，原因在于旋转的惯性会增加击打力度，以及旋转动作可以有效地迷惑对手，带来得分机会。此外，后踢也属于直线腿法，同样可以通过击打破坏对手重心，破坏对手进攻节奏。在比赛中，后踢多用于迎击。在对手使用技术改变身体位置的空当使用后踢进行迎击可以破坏对手的进攻。在比赛中，后踢可以配合前手拳假动作掩盖转身动作进行击打，也可以配合前腿假动作进行击打。

（五）上段回旋踢

1. 概述

回旋踢在竞技空手道组手腿法中属于上段弧线腿法，且只能进攻对手上段得分，所以一般直接将其称为上段回旋踢。其主要特点是出其不意、迷惑性强、得分高。上段回旋踢分为前腿上段回旋踢、后腿上段回旋踢、转身上段回旋踢3种。这3种技术在比赛中均很常见，击打部位为头部，击打得分为3分。击打时，击打腿像钩子一样将对手头部包裹起来，因此上段回旋踢也被称作上段勾踢。相对来说，前腿上段回旋踢和后腿上段回旋踢更常用，因此下文对这两种技术进行讲解。

2. 技术动作细节

（1）前腿上段回旋踢。

蓄力准备阶段：格斗式站立，将全部重心转换到后脚上，同时前腿快速提膝，大腿向后收，膝关节弯曲角度大于90°，脚背绷紧。（图2–70、图2–71）

前腿上段回旋踢

图2-70　前腿上段回旋踢正面1

图2-71　前腿上段回旋踢侧面1

发力击打阶段：上段回旋踢击打部位为头部，要求寸止击打，必须控制击打力度，因此发力击打阶段仅用小腿迅速回勾，脚背绷直，控制击打力度，前脚掌轻触目标即可。（图2–72、图2–73）

图2-72　前腿上段回旋踢正面2

图2-73　前腿上段回旋踢侧面2

回收阶段：击打完成后，前脚脚背迅速由绷直变成勾紧，同时前腿迅速回收、落脚，重心恢复到身体中间。

（2）后腿上段回旋踢。

蓄力准备阶段：格斗式站立，将全部重心转换到前脚上，同时前脚以前脚掌为轴旋转，后腿快速提膝，大腿向后收，膝关节弯曲角度大于90°，脚背绷紧。（图2–74、图2–75）

后腿上段回旋踢

图2-74 后腿上段回旋踢正面1

图2-75 后腿上段回旋踢侧面1

发力击打阶段：小腿迅速回勾，脚背绷直，控制击打力度，前脚掌轻触目标即可。（图2-76、图2-77）

图2-76 后腿上段回旋踢正面2

图2-77 后腿上段回旋踢侧面2

回收阶段：击打完成后，击打脚脚背迅速由绷直变成勾紧，同时击打腿迅速回收、往前落脚，重心恢复到身体中间。

3. 分解教学方法

（1）重心转换练习。

此练习主要练习重心转换和提膝蓄力。练习者要确保单腿站立时能保持稳定，熟练后体会躯干旋转，保持重心稳定，确保躯干能通过提膝、转髋动作由左向变成右向，或由右向变成左向。前腿上段回旋踢和后腿上段回旋踢在提膝蓄力准备阶段区别很大，练习时一定要区分清楚。

（2）击打练习。

练习者侧卧在垫子上进行击打练习。击打腿向上提膝，大腿向地面靠，膝关节弯曲角度大于90°。反复练习小腿发力、脚背绷直、脚掌击打和回收，同时认真观察击打接触部位，确保击打接触部位为前脚掌，控制击打力度，轻触目标即可。

（3）完整动作练习。

练习者尝试将重心转换、转身、击打动作、回收动作连贯起来，可以先慢速再快速，提高动作的流畅性、稳定性、准确性，直至技术动作完全熟练。

4. 靶位强化教学

（1）两人一组固定靶练习。

给靶者手持方形小脚靶，半蹲于垫子上，使方形小脚靶紧贴耳侧，位置不要过高，确保击打者技术动作不会变形；击打者通过反复练习确定自身上段回旋踢的合适距离，提高动作的流畅性。

随着击打者技术稳定性的提高和腿部柔韧性的提高，给靶者可逐渐提高身体高度直至完全站直。

（2）两人一组移动反应靶练习。

给靶者手持方形小脚靶，使方形小脚靶紧贴耳侧，保持弹跳步，模拟比赛中运动员的移动规律不停地移动；击打者通过预判给靶者的移动并进行击打，强化对上段回旋踢击打时机的捕捉能力。

5. 重点与难点

重点在于好的时机把握与击打力度的控制；难点在于上段进攻技术仅可击打头部，且头部中的后脑属于禁止击打的部位，因此可击打的面积小，对技术动作的精确性要求较高。

6. 常见易犯错误

①提膝时大腿后收不到位，阻挡了对手靠近，导致没有可供击打的距离；②发力击打阶段击打力度过大，影响控制回收，造成犯规；③使用脚跟击打对手，造成对手受伤，从而造成犯规。

7. 在比赛中的应用

上段回旋踢在竞技空手道组手比赛中属于高分技术，在比赛中使用可以迅速拉开分差、保持优势（比分领先时），打击对手自信心，增加裁判员的印象分，从而增加后面进攻得分的概率。同样，由于是高分技术，上段回旋踢也常常在比分落后时被使用。比赛中常常有领先方领先一两分，在比赛最后几秒落后方使用上段回旋踢得分迅速反超比分的现象。

另外，上段回旋踢因为击打距离过长，所以在竞技空手道组手比赛中不属于最快速度的技术，在比赛战术应用中多用于迎击，或借助拳法进攻掩盖上段回旋踢意图、使用拳腿组合技术。练习者可以借助自己进攻失利后与对手贴靠的空当，趁对手稍微走神时使用上段回旋踢进行二次进攻；也可以在对手进攻失利后主动贴靠时，趁对手意识放松时使用上段回旋踢进行二次进攻。

三、竞技空手道组手摔法

竞技空手道组手摔法根据抓握方式可划分为接腿类摔法和近身类摔法。规则规定，接腿类摔法可以通过双手抓握对手道服施展，但近身类摔法只能通过使用单手抓握对手道服施展。同时，近身类摔法施展过程中为防止对手摔伤，摔法支点不得超过腰部。另外，使用摔法必须顺势快速将对手摔倒，对倒地对手进行一个有效的得分技术击打，这样才符合得分要求。摔法的击打得分为3分，属于竞技空手道组手比赛中的高分技术。

（一）接腿类摔法

本部分以对手从练习者左侧进攻为例来介绍接腿类摔法。

1. 弧线腿法接腿摔

（1）技术动作细节。

格挡防守阶段：通过观察对手的进攻预动，预判对手的进攻路线。左手向下伸直，挡在自己的躯干左侧，右手迅速向左上方移动，挡在自己的左耳旁边，正面接受冲击，格挡掉对手弧线腿法击打的冲击。（图2–78）

弧线腿法接腿摔

抓握与贴靠阶段：格挡住对手的瞬间，趁对手单腿站立、立足未稳且还没有回收时，左手迅速从外侧抄握住对手膝关节，右手抓紧对手衣领，双手顺势发力回拉，同时身体主动与对手贴紧。（图2–79）

图2–78　弧线腿法接腿摔1

图2–79　弧线腿法接腿摔2

发力摔倒与击打阶段：右脚上步超过对手支撑腿（图2–80），迅速发力向后挑起对手支撑腿。此时，对手会因失去重心而迅速倒地。左手保持抓握，右手迅速松开对手衣领，预判对手倒地方位，成四股立，同时右手回收至腰间做击打准备，在对手倒地瞬间右手握拳发力击打对手有效得分部位，击打完成后迅速收势。

图2–80　弧线腿法接腿摔3

（2）分解教学方法。

①分解动作练习。

练习格挡对手弧线腿法，做出准确的进攻路线预判。

练习格挡后抄腿抓对手衣领动作。此环节的技术转换如果不熟练，很容易造成对手抽腿逃跑，导致无法完成下一步摔法，所以此环节的抄腿转换动作需要反复强化练习。

练习近身贴靠上步挑腿动作。对手配合被摔时要注意收下颌，确保后脑勺不着地。练习时可以在地上铺垫子，确保对手每次倒地都不会被摔疼。

练习对手倒地后的击打、回收动作。对手可模拟比赛真实状态，倒地后迅速做保护动作，迫使练习者在第一时间进行击打。

②完整动作练习。

尝试将接腿动作、抄腿抓靠动作、上步挑腿动作、倒地击打动作连贯起来，可以先慢速再快速，提高动作的流畅性、稳定性、准确性，直至技术动作完全熟练。

（3）双人配合摔法强化教学。

双人配合弧线腿法接腿摔练习。辅助者主动使用弧线腿法慢速击打，练习者快速反应、准确接腿并流畅使用接腿摔，确保动作连贯、不变形。摔法练习过程中，辅助者全程配合，不做抗摔，直至练习者在配合状态下能顺利完成接腿摔得分。

双人实战模拟弧线腿法接腿摔练习。辅助者主动使用弧线腿法无规律快速击打，练习者快速反应、准确接腿并流畅使用接腿摔，确保动作连贯、不变形。摔法练习过程中，辅助者全程模拟比赛状态，被接腿后主动做抗摔，阻挠练习者顺利使用接腿摔，直至练习者在实战状态下也能顺利完成接腿摔得分。

（4）重点与难点。

重点在于对进攻路线的精确预判，如果总是预判错误，就谈不上下一步的接腿摔，所以强化格挡技术的正确反应是弧线腿法接腿摔的重中之重；难点在于接住腿后快速、流畅地完成抄腿以及抓住对手衣领并贴靠，此环节稍有犹豫对手都可能抽腿挣脱掉。

（5）常见易犯错误。

①预判对手进攻路线出错，如预判对手从左侧进攻，结果对手从右侧进攻；②接腿后抄腿单手抓握不住，总想先双手抱腿，错过另一只手抓对手衣领

的时机；③对手倒地时抓衣领的手松开不及时导致被对手带动一起倒地（双方一起倒地很容易造成倒在下方者被砸伤，所以要及时松开衣领，这样既可以保障得分，又可以保护对手不受伤）。

（6）在比赛中的应用。

弧线腿法接腿摔能在化解对手进攻的同时将对手反摔，有效地抑制对手的弧线腿法进攻。另外，因为摔法是高分技术，所以弧线腿法接腿摔在比赛中可以出其不意地逆转局势。干脆利落地使用弧线腿法接腿摔得分会极大地打击对手自信心，同时增加裁判员的印象分。

2. 直线腿法接腿摔

本部分以对手前腿侧踢进攻为例来介绍直线腿法接腿摔。

直线腿法接腿摔

（1）技术动作细节。

格挡防守阶段：通过观察对手的进攻预动，预判对手的进攻时机。因为直线腿法进攻范围小，所以无须预判对手的进攻路线，只需要判断并抓准对手的进攻时机即可。当预判到对手使用直线腿法进攻时，双手迅速回收到自身躯干前，一上一下对对手的进攻脚形成合围（图2–81）。因为直线腿法向前的惯性极强，如果正面冲撞接腿会被对手迅速破坏重心，所以接腿瞬间必须后撤缓冲，同时双手顺势合拢扣紧对手进攻脚脚踝。

图2–81　直线腿法接腿摔细节

抓握与贴靠阶段：格挡住对手的瞬间，趁对手单腿站立、立足未稳且还没有回收时，一手迅速从外侧抄握住对手膝关节，同时通过步法快速上步与对手贴靠，另一手抓紧对手衣领，双手顺势发力回拉。

发力摔倒与击打阶段：贴靠对手的同时，双手向上用力提拉对手，后腿贴地扶足扫起对手支撑腿。此时，对手会因失去重心而迅速倒地。抄握住对手膝关节的手保持抓握，另一手迅速松开对手衣领，预判对手倒地方位，成四股立，同时空出的手回收至腰间做击打准备，在对手倒地瞬间握拳发力击打对手有效得分部位，击打完成后迅速收势。

（2）分解教学方法。

①分解动作练习。

练习格挡对手直线腿法，做出准确的进攻时机预判。

练习格挡后抄腿抓对手衣领动作。此环节的技术转换如果不熟练，很容易造成对手抽腿逃跑，导致无法完成下一步摔法，所以此环节的抄腿转换动作需要反复强化。

练习近身贴靠上步勾腿动作。对手配合被摔时要注意收下颌，确保后脑勺不着地。练习时可以在地上铺垫子，确保对手每次倒地都不会被摔疼。

练习对手倒地后的击打、回收动作。对手可模拟比赛真实状态，倒地后迅速做保护动作，迫使练习者在第一时间进行击打。

②完整动作练习。

尝试将接腿动作、抄腿抓靠动作、上步勾腿动作、倒地击打动作连贯起来，可以先慢速再快速，提高动作的流畅性、稳定性、准确性，直至技术动作完全熟练。

（3）双人配合摔法强化教学。

双人配合直线腿法接腿摔练习。辅助者主动使用直线腿法慢速击打，练习者快速反应、准确接腿并流畅使用接腿摔，确保动作连贯、不变形。摔法练习过程中，辅助者全程配合，不做抗摔，直至练习者在配合状态下能顺利完成接腿摔得分。

双人实战模拟直线腿法接腿摔练习。辅助者主动使用直线腿法无规律快速击打，练习者快速反应、准确接腿并流畅使用接腿摔，确保动作连贯、不变形。摔法练习过程中，辅助者全程模拟比赛状态，被接腿后主动做抗摔，阻挠练习者顺利使用接腿摔，直至练习者在实战状态下也能顺利完成接腿摔得分。

（4）重点与难点。

重点在于对进攻时机的精确预判，如果总是预判错误，就谈不上下一步的接腿摔，所以强化格挡技术的正确反应是直线腿法接腿摔的重中之重；难点在于通过预判对手的进攻而决定后撤的幅度，后撤的幅度过小则对手仍然可以破坏练习者的重心，后撤的幅度过大则对手可能会及时抽腿挣脱掉，因此此环节需要反复强化。

（5）常见易犯错误。

①预判对手进攻技术出错，如预判到对手使用侧踢进攻，结果对手使用横踢进攻；②扣锁住对手进攻脚脚踝后抄腿、近身贴靠不到位，距离对手过远，导致无法完成扫腿、扶足动作；③对手倒地时抓衣领的手松开不及时导致被对手带动一起倒地。

（6）在比赛中的应用。

直线腿法接腿摔能在化解对手进攻的同时将对手反摔，有效地抑制对手的直线腿法进攻。另外，因为摔法是高分技术，所以直线腿法接腿摔在比赛中可以出其不意地逆转局势。干脆利落地使用直线腿法接腿摔得分会极大地打击对手自信心，同时增加裁判员的印象分。

（二）近身类摔法

根据规则要求，近身类摔法只能使用单手抓握。在近身类摔法的近身贴靠阶段，无论是主动利用拳法或者腿法进攻与对手完成贴靠，还是被动地通过对手的进攻而与对手完成贴靠，一旦贴靠形成，都要先发制人取得先手把位，即主动通过身位转换和单手控制的方法控制对手重心。

1. 近身扫腿摔

（1）技术动作细节。

近身贴靠阶段：如果对手与练习者成开式站立，练习者需要后脚上步贴近对手并与其形成闭式站立；如果对手与练习者成闭式站立，练习者需要用前滑步贴近对手。近

近身扫腿摔

身的同时后手抓紧对手前手衣袖，同时通过身位卡住对手重心。（图2–82）

发力摔倒与击打阶段：后手迅速后拉，同时前腿贴地扫起对手前腿，前手下压。为确保身体发力的一致性，头部也要顺着发力方向旋转。此时，对手会因失去重心而迅速倒地。后手保持抓握，预判对手倒地方位，成四股立，前手回收至腰间做击打准备，在对手倒地瞬间前手握拳发力击打对手有效得分部位，击打完成后迅速收势。

图2–82　近身扫腿摔

（2）分解教学方法。

①分解动作练习。

练习近身贴靠卡位。练习者观察对手与自己的站位是开式站立还是闭式站立，练习不同站立方式的脚步卡位，确保动作的流畅性，同时也要顺利卡住对手重心。如果卡位没有对手速度快，则很容易被对手反摔。

练习抓住对手衣袖后旋转发力的动作，确保发力的一致性，确保头部与躯干、腰部协同一致旋转。

练习扫腿动作，贴地扫腿，用脚掌扫对手的脚跟，将对手前腿扫起，使对手失去重心倒地。对手配合被摔时要注意收下颌，确保后脑勺不着地。练习时可以在地上铺垫子，确保对手每次倒地都不会被摔疼。

练习对手倒地后的击打、回收动作。对手可模拟比赛真实状态，倒地后迅速做保护动作，迫使练习者在第一时间进行击打。

②完整动作练习。

尝试将近身贴靠动作、扫腿动作、倒地击打动作连贯起来，可以先慢速再快速，提高动作的流畅性、稳定性、准确性，直至技术动作完全熟练。

（3）双人配合摔法强化教学。

双人配合近身扫腿摔练习。辅助者与练习者成开式站立，练习者反复练习上步卡位动作，并完成近身扫腿摔。练习者以开式站立开始的近身扫腿摔熟练后，辅助者与练习者成闭式站立，练习者反复练习前滑步卡位动作，并完成近身扫腿摔。摔法练习过程中，辅助者全程配合，不做抗摔，直至练习者在配合状态下能顺利完成近身扫腿摔得分。

双人实战模拟近身扫腿摔练习。辅助者主动进行无规律的身位转换，练习者通过观察迅速做出正确的近身卡位，确保动作连贯、不变形。摔法练习过程中，辅助者全程模拟比赛状态，主动做抗摔，直至练习者在实战状态下也能顺利完成近身扫腿摔得分。

（4）重点与难点。

重点在于在单手抓握的情况下准确卡住对手重心，需要用手感知对手重心的变化；难点在于单手抓握，因为单手的抓握力量不如双手，所以抓握技术不标准很容易被对手反摔，需要大量练习。

（5）常见易犯错误。

①近身贴靠卡位出现错误，对手与练习者成开式站立时，练习者不能因急于进攻而不上步就贴靠卡位，否则会导致近身后没有合适身位，无法进行近身扫腿摔；②卡位与对手贴不紧，距离对手过远，会导致无法控制对手重心；③力量不够或感觉无法控制对手重心时使用双手抓握，造成抓抱犯规。

（6）在比赛中的应用。

在竞技空手道组手比赛中会出现大量的近身贴靠机会。任何一方进攻失利或双方同时进攻失利时，都可能形成贴靠。贴靠时，如果双方都消极进攻，那么裁判员会发出分开的指令，没有主动分开并且没有技术动作的一方会被判犯规。此时，如果练习者熟练掌握近身扫腿摔，完全可以抓住近身机会施展摔法得分。练习者熟练使用近身扫腿摔会使对手不敢轻易进攻，因为一旦进攻失利就可能形成贴靠，进而被练习者得分。还有一种情况就是当对手二类犯规较多时，只要对手贴靠，练习者就主动使用近身扫腿摔，可能会使对手在紧张的状态下使用双手抓握防止被摔，造成对手继续犯规。

2. 近身勾踢摔

（1）技术动作细节。

近身勾踢摔

近身贴靠阶段：近身勾踢摔要求的站位与近身扫腿摔正好相反，如果对手与练习者成开式站立，练习者需要用前滑步贴近对手，练习者前脚要落在对手前脚的后方；如果对手与练习者成闭式站立，练习者需要用前滑步贴近对手，然后后脚上步落在对手前脚的后方变为前脚。在贴近对手的同时，前手抓紧对手前手衣袖，前脚脚尖回勾，对准对手脚踝，但与对手脚踝保持一定间距。

发力摔倒与击打阶段：前手向对手后下方拉，同时前脚勾起对手前腿，要有爆发力，否则难以勾动对手。此时，对手会因失去重心而迅速倒地。前手保持抓握，预判对手倒地方位，成四股立，同时后手回收至腰间做击打准备，在对手倒地瞬间后手握拳发力击打对手有效得分部位，击打完成后迅速收势。

（2）分解教学方法。

①分解动作练习。

练习近身贴靠卡位。练习者观察对手与自己的站位是开式站立还是闭式站立，练习不同站立方式的脚步卡位，确保动作的流畅性，同时也要顺利卡住对手重心。如果卡位没有对手速度快，则很容易被对手反摔。

练习抓住对手衣袖后向对手后下方拉扯发力的动作，确保发力的一致性。

练习勾踢动作。练习者在勾踢之前应观察对手前脚脚尖方向，朝对手前脚脚尖方向勾踢发力更容易使对手重心移动。对手配合被摔时要注意收下颌，确保后脑勺不着地。练习时可以在地上铺垫子，确保对手每次倒地都不会被摔疼。

练习对手倒地后的击打、回收动作。对手可模拟比赛真实状态，倒地后迅速做保护动作，迫使练习者在第一时间进行击打。

②完整动作练习。

尝试将近身贴靠动作、勾踢动作、倒地击打动作连贯起来，可以先慢速再快速，提高动作的流畅性、稳定性、准确性，直至技术动作完全熟练。

（3）双人配合摔法强化教学。

双人配合近身勾踢摔练习。辅助者与练习者成开式站立，练习者反复练习前滑步卡位动作，并完成近身勾踢摔。练习者以开式站立开始的近身勾踢摔熟练后，辅助者与练习者成闭式站立，练习者反复练习上步卡位动作，并完成近身勾踢摔。摔法练习过程中，辅助者全程配合，不做抗摔，直至练习者在配合状态下能顺利完成近身勾踢摔得分。

双人实战模拟近身勾踢摔练习。辅助者主动进行无规律的身位转换，练习者通过观察迅速做出正确的近身卡位，确保动作连贯、不变形。摔法练习过程中，辅助者全程模拟比赛状态，主动做抗摔，直至练习者在实战状态下也能顺利完成近身勾踢摔得分。

（4）重点与难点。

近身勾踢摔同近身扫腿摔一样，由于规则要求单手抓握，因此重点同样在于在单手抓握的情况下准确卡住对手重心，需要用手感知对手重心的变化并持续给对手施加破坏重心的力；难点在于抓握手发力要和脚下勾踢力量配合，上下形成一前一后的力量，瞬间破坏掉对手重心，同时每次勾踢都要能精准卡住对手脚踝，发力方向为对手脚尖方向。

（5）常见易犯错误。

①近身贴靠卡位出现错误，如在近身贴靠上步形成闭式站立时仍然使用近身勾踢摔，会导致无处发力，无法进行下一步摔法；②卡位后抓握手发力方向不对，会导致无法破坏对手重心；③力量不够或感觉无法控制对手重心时使用双手抓握，造成抓抱犯规。

（6）在比赛中的应用。

在竞技空手道组手比赛中会出现大量的近身贴靠机会。任何一方进攻失利或双方同时进攻失利时，都可能形成贴靠。练习者可以抓住机会施展近身勾踢摔得分。

第三节　竞技空手道组手技术训练和得分技巧

一、竞技空手道组手技术训练

（一）步法灵活度强化练习

弹跳步小步弹跳

弹跳步小步弹跳

练习者格斗式站立，主要利用踝关节和小腿部位的肌肉发力，克服身体自身重力，有节奏地保持小幅度上下弹跳动作，弹跳高度不宜过高，稍离地面即可。保持弹跳高频率（每秒弹跳3或4次），同时小步匀速向前高频弹跳移动或向后高频弹跳移动，直至力竭转变回正常弹跳步频率，疲劳消退后重复进行高频小步弹跳前后移动。如此反复练习。此练习方法可以强化练习者脚下步法的灵活度，同时使练习者可以在比赛时根据对手攻防情况进行小幅度快速位移。竞技空手道组手竞赛规则对得分的要求非常严格，任何一个技术在得分六要素缺失的情况下都不可能得分。所以，从防守角度来说，快速向后位移会使对手进攻距离产生偏差；从进攻角度来说，快速向前位移配合进攻技术，可以使对手措手不及，完成得分。所以，空手道的步法在训练体系中至关重要，是承载技术的关键因素。

（二）进攻时机捕捉练习

1. 迎击时机捕捉

迎击时机捕捉

练习者两人一组。A练习者单纯地通过进攻步法向前发动技术进攻，可以是拳法进攻也可以是腿法进攻，不使用假动作，无虚晃步法，直接进攻。B练习者根据A练习者的进攻预动去判断A练习者进攻动作以及进攻路线，使用直线技术进行迎击。迎击技术可以是拳法，也可以是腿法。如此反复强化直至形成条件反射。

在比赛中，攻防时机是瞬息万变的，练习者无法在比赛中先理性分析对手进攻，再做出反应。所以，建立敏锐的条件反射、养成迎击时机捕捉的敏锐意识在比赛中至关重要。

2. 假动作干扰

练习者两人一组。A练习者全神贯注地防守B练习者的进攻。B练习者通过步法的前后虚晃，观察A练习者的注意力和反应。如果单纯的步法虚晃造成了A练习者重心不稳或诱使A练习者注意力分散，则B练习者可果断采取进攻；如若未达到效果，则配合前手拍击A练习者前手，或用扶足的方式轻扫A练习者的前脚脚踝，迫使A练习者分散注意力或重心位移，从而创造进攻机会。这种假动作干扰有时会造成A练习者提前主动进攻，因此在做假动作干扰时，B练习者要时刻做好下潜防守的准备。

假动作干扰

竞技空手道组手比赛仅有一局，在一局之内要决出胜负，因此双方进攻节奏非常紧凑。随着比赛规格的升级，练习者往往会发现，当对手的技术越来越强时，单纯的进攻往往会被对手破坏掉，因此需要用假动作干扰来创造进攻机会。

（三）防守能力练习

1. 盾牌式防守

在竞技空手道组手比赛中，对手的进攻面仅有躯干以及头部的左上、左下、右上、右下4个方位，使用手臂在身体左侧或右侧形成盾牌面即可实现防守。这被称为盾牌式防守。

（1）左侧盾牌式防守方法。

左臂向下格挡在躯干左前方，右掌向上平推到左侧面颊处，与左侧面颊有一拳的距离。左臂、右手间无间隙、漏洞，保障在身体左侧形成一个完整的盾牌面。（图2–83）

（2）右侧盾牌式防守方法。

右臂向下格挡在躯干右前方，左掌向上平推到右侧面颊处，与右侧面颊有一拳的距离。右臂、左手间无间隙、漏洞，保障在身体右侧形成一个完整的盾牌面。（图2–84）

（3）盾牌式防守易犯错误。

以左侧防守为例，左手应该向下格挡，但是却向上格挡到了左侧面颊处，右手应该向上格挡，但是却向下格挡到了躯干左前方。这样会导致身体左侧盾牌面的不完整，导致中间位置的防守漏洞。（图2–85）

图2–83　左侧盾牌式防守

图2–84　右侧盾牌式防守

图2–85　盾牌式防守错误示范

2. 步法移动防守

顾名思义，步法移动防守就是通过灵活的步法移动去躲避对手的进攻，造成对手进攻失效。常见的步法移动防守包括后滑步移动防守和前滑步移动防守。后滑步移动防守容易直观地理解，但是前滑步移动防守很难从字面意思去理解，因此下文着重解释前滑步移动防守。由于空手道的得分要求严格遵守得分六要素，因此，对手在进攻时已经测算好了正确的距离，而练习者可以通过向前快速移动的方式迅速与对手贴近，造成对手的进攻不符合正确的距离，从而无法得分。但练习者向前迎上去同样有被对手击中造成受伤的风险，因此，练习者在向前移动的同时需要主动下降重心，错开对手进攻路线。

二、竞技空手道组手得分技巧

（一）常规得分技巧

竞技空手道组手比赛的得分六要素为良好的姿势、竞技的态度、刚劲有力的技术应用、警戒的状态、好的时机把握和正确的距离。如何才能让我们在比赛中的每一拳、每一腿都符合得分六要素？笔者的理解是通过大量的基础性练习使自身更具备空手道的“味道”，也就是更具备空手道特色，如拳法进攻路线笔直、动作回收到位、发声干脆等。竞技体育没有捷径，只有反复规范地练习，夯实基础，熟练掌握竞技空手道组手技术，才能有效地在比赛中得分。竞技空手道组手是由边裁挥旗得分的，只有四名边裁中的两名或两名以上同时给一名运动员挥旗，这名运动员才可以得分。因此，同时得到大部分边裁的认可才是比赛得分的关键。一名运动员的进攻动作越娴熟，越符合竞技空手道组手竞赛规则的要求，边裁越愿意为其挥旗，该运动员得分率也就越高。所以，熟练掌握竞技空手道组手技术才是常规得分的关键因素。

（二）隐性得分技巧

在竞技空手道组手比赛中，一名运动员的得分取决于场上边裁对其进攻动作的认可程度，因此，每一次进攻是否引起边裁注意就变得至关重要。在常规得分技巧外，还存在着一些隐性得分技巧。

踏步示范

1. 竞技空手道组手比赛中独特的踏步技巧

相较于其他格斗项目的比赛，竞技空手道组手比赛会在使用进攻动作的过程中使用夸张的踏步。究其原因还是踏步会发出声音，明显的踏步声音能引起边裁的注意，增加进攻者的得分效果。

2. 竞技空手道组手比赛中独特的发声技巧

在格斗比赛中，不仅仅是空手道比赛可以发声，跆拳道比赛也可以发声，但仔细聆听可以发现两者存在不同。跆拳道运动员在进攻时的发声一般是爆破音，空手道运动员在进攻时的发声一般是爆破音加拉长音。究其原因是竞技空手道组手竞赛规则对技术动作回收的要求。竞技空手道组手比赛要求寸止原则，因此在比赛中，每一拳、每一腿都必须有回收动作，业内存在三分打七分收的说法，裁判员也非常关注运动员的回收动作。所以，在发声技巧上应通过爆破音吸引场上边裁的注意力，再用拉长音使裁判员注意到运动员完整的回收动作。这样能增加裁判员对得分的认可程度，增加得分概率。

发声示范

第三章

竞技空手道组手竞赛规则

本章所列出的规则均来自世界空手道联合会（World Karate Federation，WKF）发布的《世界空手道联合会组手竞赛规则》。该规则于2024年1月1日起正式生效。本章只列出部分规则，并根据所列出的规则对可能遇到的实际情况进行讲解。

一、组手比赛场地

比赛场地是铺有经WKF认证的垫子，边长为8米（从场地外缘量起）的正方形场地，场地外圈1米的部分应为红色，以此来标记边界。

二、服装和护具

选手必须穿着WKF认证的无滚边和个人刺绣（绣的名字）的白色空手道道服参赛。

在所有正式的WKF赛事（世锦赛、K1超级联赛、A系列赛和青年联赛）中，必须根据抽签结果，分别使用在肩膀上有红色或蓝色的品牌刺绣的空手道道服。在个人和团体比赛中均为同样要求。WKF不要求在团体比赛时，同一队伍所有成员须穿着同一品牌的空手道道服。

红色或蓝色腰带宽度必须在5厘米左右，且在打结后腰带两端应留有不少于15厘米且不超过大腿四分之三的长度。

道服在系紧腰带后，其下摆长度至少须遮盖臀部，但不得超过大腿长度的四分之三。

女性选手可以在道服里穿纯白色的T恤。

不允许穿着没有系带的道服。道服上衣的系带在开始演练时必须系紧。如果在比赛过程中系带被撕脱，选手不需要进行更换。

道服的袖长不得长过手腕，且不可以短于前臂的一半。

袖子不得卷起。

道裤至少须覆盖小腿三分之二且长度不得超过踝关节，裤腿不得卷起。

三、比赛时间

组手各级别比赛时间如表3-1所示。

表3-1 组手各级别比赛时间

级别	比赛时间
成年男子和女子各级别	3分钟有效时间
21岁以下男子和女子各级别	3分钟有效时间
青年、少年男子和女子各级别	2分钟有效时间
14岁和以下	1.5分钟有效时间

四、比赛的开始、暂停和结束

每一轮比赛开始时都将进行行礼仪式，由主裁引导选手和场上裁判员面对观众，向正面行鞠躬礼（SHOMEN NI REI），然后相互行礼（OTAGAI NI REI）。在比赛结束时，行礼的仪式按相反的顺序进行。

当比赛将要开始时，主裁和边裁应各自就位，两方选手须站在自己相应的垫子靠近对手边的前沿处准备，相互行礼之后，主裁宣布比赛开始（SHOBU HAJIME）。

两方选手必须以标准的鞠躬礼相互行礼，快速的点头是不够也是不礼貌的。

主裁应以“YAME”口令暂停比赛。如果有必要，主裁可以命令选手各回到原位（MOTO NO ICHI）。

在判决某方选手得分时，主裁应先宣布哪位选手（红方或蓝方）、攻击的位置（上段或中段）、得分的技术（拳法、打击技或腿法），然后以规定的手势判以相应的得分（有效、有技或一本），再以“TSUZUKETE HAJIME”口令，宣布比赛继续进行。

当一方选手在某一回合比赛中已领先8分，主裁应以“YAME”口令叫停比赛，再与双方选手一起回到各自起始位置。然后，主裁举起代表获胜一方的手臂，并宣告“蓝方（红方）获胜”。到此，回合比赛结束。

当比赛时间结束时，双方以得分较高者为优胜。主裁应举起代表获胜一方的手臂，并宣告“蓝方（红方）获胜”。到此，回合比赛结束。

如果一回合比赛结束时，双方比分相同且无法确认获胜方，裁判小组（主裁和四名边裁）将以判定（HANTEI）来决定这场比赛的胜负。四名边裁应在主裁喊“HANTEI”口令并吹响哨子后，立即发出信号。随后主裁将举起代表获胜一方的手臂并宣布“蓝方（红方）获胜”。如果边裁投票出现平局的话，主裁也会通过此动作决定最终获胜方。

如发生下列情况，主裁可以喊“YAME”，暂停比赛：

当一位选手出界或两位选手都出界时，但应允许处于界内的选手在对手出界时立即进攻得分；

当主裁命令选手整理他的空手道服装或护具时；

当某位选手违反规则时；

当主裁认为一方或双方选手因受伤、生病或其他原因，而无法继续比赛时，根据大会医生的意见，主裁将会决定是否允许比赛继续进行；

当一方选手抓住对手，没有立刻施展进攻技术或摔法时；

当一方或双方选手跌倒或被摔倒后，双方都没有立刻做出有效的得分技术时；

当双方选手相互抓抱，且没有立即成功施展任何得分技术或摔法时，或对主裁分开的口令没有做出反应时；

当双方选手采用贴胸站靠的方式，且没有立即试图施展任何技术或摔法时；

当双方选手因摔倒或试图施展摔法而双方倒地后，开始扭打时；

当两位或更多位边裁示意同一位选手得分时；

当主裁认为有犯规时，或因安全原因需要比赛暂停时；

当监察（KANSA）或场地经理要求时；

当一方教练或双方教练提出录像审议时；

当其他任何主裁认为必要时。

五、得分

当两名或两名以上边裁示意得分时，或当教练提出录像审议后，录像审议监督确认得分时，裁判员将给选手判分。

以手或脚的传统空手道技术，有控制地施展于得分部位，即判定为得分。

在一次技术交换中，只有首先正确施展的技术才能得分，但有效的技术组合除外，在这种情况下，无论组合中的技术施展顺序如何，都只应对得分最高的技术判分（笔者注：如使用拳腿组合技术，拳法和腿法都有效施展，但最终只判腿法得分）。

有效得分部位为骨盆以上的身体部分，包括锁骨但不包括肩部本身（中段），以及锁骨以上的部分（上段）（笔者注：如使用中段拳法、腿法技术或上段拳法、腿法技术，注意中段进攻技术击打部位为骨盆以上、锁骨以下，上段进攻技术击打部位为锁骨以上）。

有效的得分技术，除了必须是一记如果没有被控制将具有潜在杀伤力的技术以外，还必须满足以下标准（笔者注：即本书强调的得分六要素）：

良好的姿势（正确施展的技术）；

竞技的态度（施展时没有造成伤害的意图）；

刚劲有力的技术应用（有速度、有力量）；

警戒的状态（完成技术后不能转身或倒地，除非倒地是由对手犯规造成的）；

好的时机把握（在正确的时机施展技术）；

正确的距离（在技术能达到最大效果的距离施展）。

以下为判定得分的标准：

有效（1分）施展在得分部位的冲拳（TSUKI）和击打（UCHI）技术；

有技（2分）中段踢技；

一本（3分）上段踢技，或施展在除双脚以外的任何一个身体部位与地面接触的对手上的任何技术，膝构（HIZA-GAMAE）除外（在施展一个技术时一个膝盖着地的状态）。

作用在中段（CHUDAN）的技术可以在不造成对手伤害的情况下，以可控的力量进行击打。受击打者因技术造成短暂的岔气并不意味着该技术缺乏控制。

作用于上段（JODAN）的踢技可以在距离目标5厘米以内停止并得分，手部技术可以在2厘米以内停止并得分，但也允许不造成冲击的轻微接触（皮肤接触）。喉部除外，喉部是不允许有任何接触的。

对于14岁以下的少年和儿童，上段（JODAN）的踢技可以在距离目标10厘米以内停止并得分，而手部技术可以在5厘米以内停止并得分。

16岁或16岁以上级别的选手（青年）允许有“皮肤接触”。14至16岁的级别只允许踢技有皮肤接触。皮肤接触的定义为，触碰到目标但没有能量传递至头部或身体。对于14岁以下的选手，上段的技术均不允许接触皮肤。

在时间结束的同时，正确施展的技术是有效的。当使用电子打分器时，得分的信号需要在2秒内发出。

如果出现以下情况，技术为无效（笔者注：即不得分）：

技术施展在时间结束信号之后，或主裁叫停后；

技术施展在“分开”口令之后，在“继续”口令之前；

技术施展方身在比赛场地之外（JOGAI）（笔者注：即出界使用技术）；

技术施展之后犯规（出界的情况除外）；

技术施展之后转身背对对手（缺乏残心）；

技术本身是犯规行为，或技术施展之后紧接了一个犯规行为（例如过度接触、抓握、扭摔等）。

六、禁止的行为

以下行为是被禁止的：

技术动作过度接触，即使是作用在有效的得分部位上，以及接触到喉部的技术动作；

攻击手臂、腿部、裆部、关节或脚背部位；

以开掌技术攻击面部（笔者注：如扇耳光）；

技术施展在“分开”口令之后，在“继续”口令之前；

危险的或被禁止的摔法（笔者注：如过肩摔等支点在腰部以上的摔法）；

假装受伤或夸大伤情；

非对手原因或非得分动作以后，离开比赛场地（JOGAI）；

不顾自己安危，做出可能让自己被对方击中而致伤的行为，或没有采取足够的自我保护措施/无防备（MUBOBI）；

通过逃避比赛的方式让对手没有机会得分（笔者注：如逃跑）；

消极，没有与对手交手的意图[不能在比赛还剩不到15秒时进行判罚，也不能对得分领先或拥有先取（SENSHU）优势的选手进行判罚]；

搂抱、扭摔、推搡对手，或与对手贴胸站靠，但没有试图施展得分的技术或摔法；

在截获对手施展踢技的腿后，不以施展摔法为目的地以双手抓住对手（笔者注：即抓住对方2秒内没有完成摔法技术的施展）；

用一只手抓住对手的手臂或道服，不立即试图施展得分技术或摔法；

施展无法控制的、有可能伤害到对手的和危险的、毫无节制的攻击技术；

试图使用或实际使用头部、膝部或手肘攻击对手；

与对手交谈，或挑逗对手，不服从主裁的命令，对裁判官员不礼貌，或其他有违礼节的行为。